大展好書　好書大展
品嘗好書　冠群可期

大展好書　好書大展

品嚐好書・冠群可期

少林功夫㉙

南少林五祖拳

陳火裕　著

大展出版社有限公司

中華武術

壺之瑰寶

賀南少林五祖拳述要一書出版

張山 二〇〇八年十月

原中國武術院副院長張山先生題詞

與前中國武協主席
徐才先生

與前中國武術研究院
副院長蔡龍雲先生

與孫式太極拳大師孫劍雲合影　與自然門大師杜飛先生合影

與名影星于海先
生合影

與國際南少林五
祖拳聯誼總會主
席周焜民先生

國際南少林五祖拳聯誼總會06年會全體代表合影

序

中華武術源遠流長，卻能歷久彌新，薪火相傳，乃至造就今天繁茂昌盛、生機勃勃的局面，在於它能不斷創新，勇於交流。

歷代武學大師，雖常閉門造拳，但更常於武林中不斷交流，不斷地從天下武藝中汲取好的東西。如一代宗師徐矮師祖，善取他山之石，其取少林之剛，取武當之柔，將二者熔爲一爐，遂創造出神出鬼沒的自然門武學。由此而感，吾以爲當代習武者，要想弘揚光大傳統武術，必須拋棄故步自封的思想，勇於將自己的東西拿出來與他人交流，樂於將自己所學造福於更多生民。

蓋武術乃人類共有之文化財產，非某個門派或某個武林高手所獨有，無論誰擁有多麼厲害的武功，終將只是武術傳承紐帶之一環，習武者有義務將其繼承發揚光大，萬不可囿於傳統門派之見。

武林後起之秀陳火裕，潛心武學，虛心向諸多拳

師請教，遂在南少林武學上有相當造詣，實屬難能可貴。更難能可貴的是他能將己所學呈現出來，弘藝於自己創辦的文武學校，並且將多年心得，著成此書。

該書言簡意賅，深入淺出，對五祖拳有著精闢的見解，自成一家之言，乃廣大武術愛好者自學南少林五祖拳不可多得的好書。只要讀者勤學苦練，自會有不淺收穫。

當然，尤需指明的是，功夫是一種修養。習武並非為了逞兇鬥狠，個個一臉的金剛怒目，腰大三圍，凡事就喜歡大打出手。這樣有失武術之真意呀！我們不可能現在拿著刀槍劍棒對付現在的導彈、核武器，但是我們可以拿它來健身、提高文化修養、提升個人的氣質、造就新一代中華民族年輕人文武雙全的一種氣概，這樣才更有價值。

所以，我在此衷心希望陳火裕先生再接再厲，能在安溪興安武校培養出更多能文能武的複合型人才；能繼續為南少林武術乃至傳統武術的發展做出更大的貢獻；從而能在更廣闊的天地造福民生！

故為之序。

前　言

　　泉州是南少林武術的發祥地，武術活動歷史悠久。它始於晉唐，盛於兩宋，至今枝繁葉茂，拳派遠播，影響廣泛。以南少林武術爲代表的泉州武術文化是泉州優秀文化積澱的重要組成部分，是泉州歷史文化的重要內涵，也是中華傳統武術中的寶貴遺產。明清以來，它傳播到東南亞、臺灣、香港、澳門等地，成爲泉州南少林武術的支派。至今海內外人士尋根溯源，絡繹不絕。

　　五祖拳乃南少林武術中最優秀的拳種之一，它有獨特的風格和鮮明的特點，講究招招有勢，勢勢有法，法法有用，具有勇猛剽悍之形，雄偉磅礴之勢；動作簡練，拳勢激烈，富有陽剛之美；勁力渾厚剛強，發勁講究力催三關、運腰送肩，出拳要求以點著力，有「金剛勁」之稱；強調運功發勁要與運氣密切結合，有獨特的獅子吼運氣法；步法穩健，要求「四點金」落地，十趾翹則足力生，兜前足以固膀胱，夾襠、束臀、提肛而鎖眞氣；身形強調百會提則頭挺，牙關起而功強，兩肩墜

而心胸守；手法講究吞、吐、浮、沉；橋法講究過、添、斷、粘；拳法講究重與快；腿法講究低與冷；技法的應用上要求手不離中門，出技對子午、垂肘不露脅；運招要求招中藏招、招上變招。

技擊總訣要求：以靜待動，後發而制人；以柔克剛，四兩撥千斤；以速禦遲，用快制敵；以虛擊實，出其不意；以拙制巧，隨機應變，得勢近身，低腿為先，短拳變肘，順擒摔翻，拿壓固控，遠之拳足，近之膝肘，靠之以摔，相機以擒。

吾自幼嗜武，請學於蘇文木、魏國良等南派名師，並受國際南少林五祖拳聯誼會主席周焜民的指點。得悉五祖拳之教義，數十年勤學苦練，不敢懈怠。獨木不成林，一花獨放不是春。為此，吾自辦興安文武學校於著名鐵觀音茶鄉——安溪，廣招學員，傾囊相授五祖拳法。至今已培養出不少人才，他們或於武林比賽中名列前茅，或於高等學府鑽研學問，或繼續從事武術教學等。無論如何，五祖拳法在他們的人生中起了重要的作用。欣慰之餘，吾當繼續自勉，以弘揚五祖拳法為己任，讓其能在更廣闊的天地延綿發展。

正如湖南自然門大師杜飛虎先生所言：「武術乃人類共有之文化財產，非某個門派或某個武林高手所獨有，無論誰擁有多麼厲害的武功，終將只是武林傳承紐帶之一環，習武者有義務將其繼承發揚光大，萬不可固

於傳統門派之見。」此數語點開余心中之結，故決心將師之所傳毫無保留呈現於世。也正是杜前輩的長期勉勵，方使愚寫成本書。

五祖拳精深浩渺，吾力求書中能去繁就簡、深入淺出。故拳術中精選了五祖三戰拳、五祖打角拳、五祖雙爪拳、五祖拳技手舉隅，器械則披露了向來少傳的五祖三股叉。這些拳械，雖看似簡單，卻乃五祖拳中精華之精華，只要讀者勤於揣摩習練，定能有非凡的造詣。倘若偶爾習練，亦可健身防身，益壽延年。

深謝諸位前輩及同輩們之關心，此書得以順利出版。然學識與時間有限，個中訛誤，實屬難免，望同行不吝指正，吾當深感慶幸！

陳火裕

目　錄

第一章
南少林五祖拳概述

第一節　五祖拳源流

　　中華武術，歷史悠久，源遠流長，與華夏五千年文明風雨同行。隋唐五代時期，武則天開創武舉，宣導練武，促進了群眾的練武活動。兩宋時期，由於內受封建軍閥統治，外受強敵契丹、西夏和女真的侵擾，戰亂頻繁，尚武風氣促進了武術的發展。統治者把武術當做統治人民、維護其統治的手段，而人民則把武術作為防身抗暴、防止外族侵略的工具。因此民間練武活動如雨後春筍般發展擴大，這對唐末宋初的南少林武術的繁衍創造了良好氛圍，使武藝在民間紮了根。元代，傳統武藝受到較大的摧殘。明代，武術

從元代奄奄一息的狀態逐步恢復生機。清代統治者，一方面加強軍隊的武藝訓練，另一方面嚴禁民間練武，但由於清代農民起義頻繁，武術發展因民眾基礎深厚而遠遠超過前代，形成了整體的武術技術理念，各有自己的理論體系。

民國初期，習武開禁，拳技之風蓬勃一時，武術作為優秀的民族文化遺產加以繼承和發展，使武術成為盡人皆知的體育項目。

武林之中，少林功夫最負盛名，有「天下功夫出少林」之美譽。而少林之中，又分南北，北以嵩山少林寺為正宗，南以泉州少林寺為代表，同源一宗，相互輝映。

泉州是武術之鄉，修文習武，蔚然成風，成為人們生活中一個重要組成部分，也成為社會上的一種風氣。泉州人的日常生活有這樣一句口頭禪：「拳頭、燒酒、麯。」可見少林武術已深深融入泉州人的生活習俗之中。

每逢佳節廟會，泉州各地常常裝扮梁山好漢做各種武術表演，民間稱為「套宋江」或「宋江陣」。入清以來，演員持「戈甲」的武戲表演逐漸發展成為泉州聞名全國的地方戲劇種「高甲戲」；泉州民間凡喪事做功德超度，由和尚或道士「戲弄鈸」及「打桌頭城」，都涉及武術表演，後來發展為泉州獨有的法事

戲劇種——「打城戲」；迎神賽會中，真刀真槍做「台獅」（殺獅）表演，都是少林武術與民俗文藝熔於一爐的獨特表演形式。

作為中華武術一大流派的南少林拳，流行於我國長江以南的閩、粵、桂、贛、浙、湘、鄂、川、蘇等省，其內容十分豐富，各地流傳的南少林拳自成體系，各具風格，素以陽剛之美著稱的南少林拳以沉穩、迅疾、奇巧及落地生根般的紮馬而著稱。五祖拳當屬近代風靡於全球的南少林最優秀的拳種之一。

由於南少林五祖拳有著相應的歷史性，並缺少有關文字的記載，其發展源流眾說紛紜，莫衷一是。

其一，五祖拳是太祖拳、達尊拳、羅漢拳、行者拳、白鶴拳這五種流行於閩南地區拳術的統稱。

其二，五祖拳是參大成、集眾妙，採太祖拳、達尊拳、羅漢拳、行者拳、白鶴拳，將南北各派精華共冶一爐的嶄新門派。

這涉及到名實，值得一辨，有待同門深究。由於這五種拳共有含胸拔背、沉肩扣節、拳勢剛烈、固守待進等特點，主要椿步不丁不八馬的一致，泉州區區之地，濡染浸淫，能太祖者亦能羅漢，能達尊者亦能白鶴，轉相傳習，也是自然現象，名師蔡玉明相容並蓄，多次與武林高手較量技藝並獲勝。

早期蔡玉明設立了「聖公會」「龍會館」二館公

開授徒，在發展過程中先後收服泉州一帶號稱「五虎」的名人為門徒，後期又培養出五位傑出的門徒，號稱「後五虎」，有記載的著名衣缽傳人有泉州的林九如（外號狗師）、魏南山（外號翻天豹）、翁朝賢（外號大古秧）、尤祝三（清末武舉人）、陳京銘（外號金翼大鵬，清末武秀才）、何海師（外號鳳尾手）、陳魁（外號鑽天鶴）、狐狸仔（外號落地金蛟）、柯彩雲、沈陽德（外號玉面虎），林九如為頭屆徒弟，沈陽德是關門弟子。

這兩位師兄弟曾經與泉州崇福寺的妙月法師較技，沈陽德勝。後來由師兄林九如收納妙月法師為門徒。就這樣從泉州晉江一直擴展到整個閩南地區。

這一時期閩南一帶武風大變，習武人士以練五祖拳為榮，閩南掀起了學習五祖拳熱潮而顯得一枝獨秀。

清朝末期到民國初期，由於政局混亂，貪官污吏層出不窮，民不聊生，閩南一帶許多人為謀生出洋南渡，也把中國的瑰寶——武術帶出國門。

時至今日，五祖拳已是枝繁葉茂，它吸引了一批又一批尋覓南少林之根的武術家和研究者，他們來自不同膚色的國家。1990年10月，在發源地泉州南少林武術國際學術研討會期間，菲、馬、新、印尼以及臺灣、香港、澳門的五祖拳同門經協商，決定正式成立

國際南少林五祖拳聯誼總會，通過章程推舉盧慶輝為首屆主席。

一眨眼十多年過去了，經歷數次的聯誼會主席換屆，在國際南少林五祖拳聯誼總會2006年會中，眾推周焜民先生出任聯誼總會新一屆主席。

周焜民先生是聯誼總會的主要創始人，早在1989年他就在菲律賓籌備發起創建國際南少林五祖拳聯誼總會，付出了許多努力與心血，並一直不遺餘力地支持五祖拳的發展與傳播。

聯誼總會從籌備到現在，已經歷了19個春秋，每年都增加新的夥伴，這些五祖拳同門是：菲華光漢國術總館、馬來西亞徐金棟健身社、印尼盧萬定國術館，盧紹淮國術館、盧紹鵲國術館、泗水黃龍體育會、菲律賓新華體育所、中華鳴謙國術館、興漢國術所、威武國術所社、國光國術社、澳洲少林五祖拳社、五祖無極拳社、少林無極拳社、新加坡明星體育拳社、三戰道防身學院、德藝武術中心、澳門閩南五祖體育會、中源文化體育會、香港五祖三師堂武術館、緬甸緬華武術社以及英國、美國、瑞士、加拿大徐金棟五祖拳社等，隨著華人跨洋過海的足跡，南少林五祖拳已傳遍世界各地。

第二節 五祖拳拳禪一體

南少林五祖拳不僅重視手、眼、身法、步的訓練，而且十分講究「禪悟拳意，拳融心法」的理念，認為應當作為一種修養、一種領悟、一種體驗來追求。正如國際南少林五祖拳聯誼會主席周焜民先生常說的「少林武術，拳禪一體，內外合一，形神兼備」，禪武結合也是南少林五祖拳高深層次修為較為顯著的特色。

「心正則萬法皆從，心亂則萬法皆廢」，以禪運武，習武修禪，禪武合一，以禪養心，以心修禪，靜以養神，志閑而少慾，心安而不懼，使人的生理與心理、技藝達到高度統一。

中國廟宇殿堂之中，多塑有「哼、哈」二將、四大天神、八大金剛等護法神的全身重彩法象，是侍衛佛陀、守護佛法的「夜叉」之神，表現匡扶正義、鎮懾邪惡、守土保民，其神志威武剛烈，氣勢磅礴，怒含霸氣，法眼觀界，身披利甲，手執法器，各涵寓象，從中看出佛門奉善懲惡、充分體現力量與智慧、堅韌與頑強、正義凜然的「替天行道」的民族精神。

因此，在南少林五祖拳的修習與演練中十分注重

「無堅不摧，所向無敵」的拳法意識，氣度風範，實現與完善「拳禪一體，內外合一，形神兼備」的拳術本質與內涵。

由對禪至真、至善、至美之學的參悟，詮釋為人處世的規範，體味及感受武學文化、拳理之法深層次的結合，不斷把傳統「武道禪學」及「文武雙修」的歷練相融合，最終提升形成「南少林五祖拳」武學技法的心智修養、理法求證、拳禪「空靈」的武學境界。

南少林五祖拳不僅有相應的歷史性、自然性、合理性及規範性，而且是內涵豐富、理法相聯的綜合性南少林拳法體系。

學好拳法雖易，但也非朝夕之功，其傳統文化的源流風格、學術特色、教學實踐、戰術心理等都是十分重要的理學觀念。拳諺云：「拳打千遍，神理自現。」經由長期艱苦、持之以恆的努力，在理論、技術上就能逐步取得獨到的認識，同時還應拓展視野，把理論和實踐相結合，提高拳、禪慧悟的能力，相融互補。

陶冶心性，使其在學習、訓練、修為過程中更具備時代的生命活力，展現拳法的傳統文化及實踐本質特徵，就能得到五祖拳門功夫的進一步認識與體會，學之必有所獲，悟之必有所得。

第三節　五祖拳的心法

　　中華武術無論什麼門派都有拳的練法、用法和心法。南少林五祖拳也不例外，它能夠成為我國南少林武術中較具代表性的少林拳種，不僅具有獨特的技術形式，簡練實用的風格，而且具有豐富的武學內涵，只有用心練武，日常生活中有高尚情操（武家常說的功夫在功外），才可能在武術上達到一定境界。

　　練時無人似有人，用時有人似無人。動中之靜為真靜，靜中之動為真動。

　　闡述本門功夫應當作為一種修養來追求，力求德藝雙馨。五祖拳的訓練並非獨立於生活之外的單純軀體運動，它貫穿於習武者生活的全過程，受日常生活絲絲縷縷的牽絆。

　　許多習武者常常不能靜下心來，以至於「三天打魚，兩天曬網」，最終一無所成。孰不知「不是風動，不是蟠動，而是仁者心動」。

　　一個真正的仁者，必須面對燈紅酒綠，雖高官厚祿常臨於身而不為其所動，雖美酒紅顏為誘而無以分其金玉之心。習武者同樣要學會面對現實，學會笑看風雲，心中自有天地，追求「動中求靜」，以武證

道。

　　具體表現在練功時，想到達到高深功夫，必須在三戰拳內功練法中努力做到心無雜念，意守丹田，不管外形如何變動，皆能順其自然。表現在對敵實踐中，如入無人之境，不為他物所動，不為任何外界因素而分心，置生死榮辱於度外，敢於虎口拔牙，忘卻自我，忘卻一切，全心投入，攻防兼備，連削帶打。反過來，習武者還要學會「靜中求動」，為人處世時，學會高瞻遠矚，居安思危，防患於未然，不能為事物紛繁蕪雜的表像所迷惑，不能因表面的風平浪靜而忽視了其中的潛湧。

　　表現在練拳中如同有人和我實戰，練功中站樁時意想到真氣循經運行，上下翻湧，川流不息。

　　五祖拳門門規：「學法學藝一氣成，修身養性謙為本。」這是歷代先賢對本門弟子的要求，積極主張俠義尚德、除暴安良的尚武精神，教誨門人孔武有力，尊師重道，諸惡莫做，眾善奉行。因此，習練者必須有高尚的思想品行，日常生活皆是功，心中不滯一物，自性不動，去我本無，還我固有，心無雜念，常存元神於丹田等穴，從而激發精氣的生成，使神得以化生；反過來神又統領精氣的運行，從而強健四肢百骸，積蓄主體的能量，從而使習武者開發出人體的潛能，擁有高於常人的功力，乃至大徹大悟，心懷澄

明。

當然，想要達到那種境界，必須具備堅忍不拔的意志和吃苦耐勞的精神，不可急於求成，凡事有度，順其自然，才能使五祖拳修為達到功臻化境，出神入化。

第四節　五祖拳的體系

五祖拳經數百年之錘煉熔鑄，譽於中外，具有典型的外家功力型風格，並吸收內家很多技法和內功修煉法，故內容豐富，自成一體。

套路分空拳和家私（器械）。

拳從三戰起。五祖有五戰，即三戰、天地人戰、連環戰、平馬戰、直弓戰。習馬步，踏中宮，正身田，練吞吐氣。而後由簡入繁，由小套而大套，循序漸進，為二十拳、四門打角、三戰拾字、雙綏、連環八卦、小千字、連城、二節、三節、四節、五節、五肚朕頭、雙爪、天罡、地煞、清風、明月、四門斗底、雙獅展雄等。

拳套剛柔不一，各有異趣，壯者練拾字、沉頭，弱者習直弓、連環、小千字、三角搖，高者授以雙綏、雙節，矮者打角、地煞，使人、拳相得益彰。

　　器械乃拳之延伸，硬弓硬馬，打揭分明，勢勢落力。長兵器械主要有叉、棍、棒、槍、青龍大刀、斬馬刀、三尖兩刃刀、鉤鐮、方天戟、禪杖、扁擔等，可謂是十八般兵器樣樣俱全。

　　諸般兵器，以棍法最為凌厲，為各藝魁首，內中又有五尺棍、七尺棍、流星棍、雙頭棍、齊眉棍等。以叉法最為兇險，轉、滾、搗、搓、刺、截、攔、橫、扡、捂、挑、掏、貫、拍，招招追命，一步一打，大揭結合，防守相兼。

　　短兵器有單刀、劍、單鞭、銅簫、鐵尺、雨傘、雙刀、雙劍、雙匕首、雙拐、藤牌刀等。軟兵器主要有九節鞭、雙節棍、三節棍、繩鏢等。暗器有飛鏢、飛蝗石、飛針等。

　　此外，各種拳路、各種兵器尚可組合起來對練，即有七十二套對打。而先賢在古代行軍打仗，將五祖拳眾多套路組合起來編布成陣，有娛蛤陣、長蛇陣、宋江陣等，陣法多變，配以八卦九宮術數，含義極深。現已少傳。

　　習者單練僅為行拳而已，須對盤，方知勁路變化之妙，牢固根基，磨礪身手，臨陣對敵方不會有怯敵之意。

第一節　五祖拳發勁法之一
「搖身俊胛」

　　五祖拳法博大精深，習研之人層出不窮。究其理法，不僅具有養生健身、藝術欣賞價值，而且具有很高的技擊作用。筆者不揣淺陋，就五祖拳獨特的發勁訓練法「搖身俊胛」作一探討。

一、功　理

　　本功法是由軀幹上下、左右、前後的擺動、轉動、抖動來帶動體內五臟六腑的運動，對內臟進行柔和或不同程度的自我按摩，使臟腑保持旺盛活力，從

而達到健脾益胃、培元補腎、益壽延年的功效。

二、技擊功效

修煉「搖身俊胛」發勁法可以使身體產生一種彈性，含蓄圓滑，滲透入招式之中則可收發自如。

它從肘、肩、腰、胯、腳，又迅速從腳、胯、腰、肩順序回轉，是寓守於攻的技法。它不只是用腰和肩搖動起來，而且用帶脈的「意」把腰勁帶動、搖擺，似狗從水中爬上岸時把身上的水珠在片刻間抖乾淨。

也有人把這個動作用方言「狗宗身」來稱呼。它具有勢穩、動短、勁長、威力大、速度快的特徵，並適合於在多人圍攻的情況下運用。

當包圍圈在我可攻擊範圍內，可起到四面出擊的作用；當被對方貼身挾抱時，可使對方有被電觸之感而迅速鬆手。

三、訓練方法

第一階段

習練者首先需經過一段時間刻苦站樁的訓練，使

體內氣血充盈不竭，從而滋潤其胸、腹、兩肋等處的外層筋膜保護組織，達到能抵抗一定分量的拳、腳打擊。

第二階段

經過第一階段訓練一段時間後，感覺精神飽滿，體力大增，可進行排打功訓練。用帆布做成一直徑約4公分的圓狀袋，內裝綠豆，配以少許花椒，用以擊打身體各部。

在擊打即將接觸身體的一剎那，身體微向左或向右旋轉，同時意想丹田之氣沖向身體受擊之處，並吐氣。一段時間後能使皮肉、筋骨變得越來越結實。

第三階段

技擊樁式。全身放鬆自如，設想敵方攻擊我中盤，當拳或腿微觸未發之際，我身體迅速振顫發勁催動身軀、肩膀，同時完成彈撞前傾轉體的綜合能力，隨之恢復定式，以待再發。

習練此技，神經系統要有一種在酷熱時一盆冷水劈頭澆下的「機靈顫」的感覺。

在這個階段中，可由一助手向習練者中盤出拳發腿，由輕到重、由慢到快來練習，感受寓守於攻的獨特發勁法的實際效果，從而以巧力逼迫敵方回身，使

對手受挫，喪失再戰能力。

四、實戰功效

當習練者習熟此技後，等於身披一層滑溜溜的防身鎧甲，中盤要害盡掩其內，以待後發而先至，並能從精神上給敵方造成一種心理的壓抑，使其疑惑，不敢輕舉妄動。

而我靜而穩，讓敵無機可乘，並能見機而發，取得意想不到的效果。我覺得無論是在健身、技擊，還是在教學中都受益匪淺。

第二節　五祖拳的手法

南少林五祖拳內外兼修，技術全面，硬橋硬馬中又透出剛中含柔的特點。五祖拳作為南方一大拳種，其傳播已有驕人的成績。

為加強五祖拳在實踐方面的地位，破除傳統拳術是「花拳繡腿」「不實用」等非議，本文分析五祖拳手法時，注重於實踐性。其手法豐富多彩，充分體現了南拳的特點。本文對手法的進攻、防守、連削帶打、閃打等進行分類說明，同時還要求在演練與應用

中懂得發勁法，不研究五祖拳的發勁法、手法，就如沙灘上的建築，缺少根基。

五祖拳的發勁法分為兩種，一種是鬆緊勁，二是搖身俊胛。手法訓練，要清楚本門拳術組合動作的意識，並與步法、腿法、身法密切配合，才能使五祖拳在實戰運用中更具威力。

一、進攻類手法

1. 撞 拳

相當於長拳的沖拳。握拳從肋際直線性擊出打擊對方，力集於拳面。前手「撞」一般為快拳擊打對方胸、臉部；後手「撞」一般為重拳擊打對方，以撞拳擊打對方腹部稱為「虎拳」。

撞拳可作組合攻擊，本門稱為「連環拳」，一般為左右拳連擊出三拳，攻擊力較強，實戰中亦可擊四拳、五拳組合。

2. 鞭 拳

相當於長拳的劈拳。握拳，位於肩上或肩前，拳心朝前，拳鋒朝後；拳揮出做圓弧性或弧線性攻擊，力點在拳鋒，擊打部位在對方的天靈蓋和臉部。圓弧

下落時應加速加勁。

3. 點　拳

微屈臂，以鳳眼拳（握拳時食指第二骨關節凸出）從腰際或肋際揮出，在身體側向做由下至上的弧線性攻擊，力點在食指第二骨關節。攻擊部位是對方的太陽穴或臉頰。

4. 雙撞拳

即雙手同時沖拳。兩手握拳，從肋際直線性擊出，力點在拳鋒。擊打部位為對方的雙肋、腰部兩側。

5. 雙豎拳

本門也稱「彈拳」。雙手體前屈臂，雙拳置於胸前，右拳上左拳下，拳鋒朝前並上下對齊，朝體前中線使勁彈出。彈出是指雙臂不得伸直以保持彈性。力點在前鋒，擊打物件為對方攻襲過來的腳、腿、膝以及對方的胸部、頦部。

亦可雙手握拳從兩肋前從體前中線彈出，動作結束是右拳上左拳下，拳鋒朝前並上下對齊。

6. 插　掌

以掌指尖做直線性攻擊，虎口朝上，力點位於指尖。大拇指緊扣掌面，其餘四指可合攏亦可稍分開。攻擊的部位為對方的肋部、咽喉部、眼部等。

7. 切　掌

掌位於肋邊，指尖朝前，掌心朝上，向前稍內側地方做直線性攻擊，力點在掌根。攻擊的部位是對方的肋部與腰部。

一般配合弓箭步步型，整個動作類似於長拳的推掌。

8. 搖　掌

仰掌位於肋際或腰際擊出，朝前方做由下而上的弧線性攻擊。動作完成時臂已直，力點在掌指，攻擊的部位是對方的陰部。此掌亦稱作撩陰掌。

9. 清橫打掌

仰掌位於同側肩上，身體朝動作掌方向微側，揮掌、直臂做橫向發勁的側面攻擊，身體朝發勁的方向扭轉以助發勁，動作結束時掌心仍朝天，力點在掌根。攻擊部位為對方頸部或太陽穴。

10. 擋　掌

仰掌位於肋際，朝前擊出做直線性攻擊，觸敵時掌根猛朝前上旋，動作結束時直臂，掌心朝前。力點在掌根，攻擊部位為對方的肋部、頦部、鼻子等。

11. 劈切掌

亦叫「破切掌」。右掌立於右肩上，掌心朝內，指尖朝天，朝前劈出，做圓弧狀正面攻擊動作。力點在掌根，攻擊部位為對方的頸部。同時，左掌仰位於左肋際，向前稍內側的地方推出做直線性攻擊。力點在掌根，攻擊部位為對方的肋部。

12. 啄　指

己一手屈臂於胸前，食、中指伸直朝前，其餘三指屈，手猛擊出，做直線性攻擊。力點在指尖，攻擊部位為敵方的雙眼。

此動作應做得富有彈性，觸敵時直臂，瞬間自動彈回為屈臂。

13. 打　節

相當於長拳的撞肘。在己體側屈肘，猛向發動方向轉身（頭部不轉正視對方），以肘由下至上、由外

側至內側做橫向攻擊。力點在肘尖，攻擊部位為對方的肘、胸、臉及對方攻過來的手腳等。

五祖拳的進攻性技術動作相當豐富，除了上述內容，還有沉拳、掃拳、劈掌、鏟掌、撬節（肘）、刈節（肘）、雙統拳、雙擋拳、雙點拳、雙撬拳、雙剪拳、雙剪掌、雙搖掌、雙劈掌、雙插掌、雙啄掌等。

其掌法多於拳法，雙手技法多於單手技法。雙手技法多為單手技法的量的增加，動作與發勁要領與單手技法大同小異。

二、防守類手法

1. 掀　拳

屈臂握拳，以肩為軸發勁，前臂由下（胸前）至上（臉前）做弧線性成斜線性防守。力點位於臂外側、橈骨近手腕處，動作結束時拳眼朝向體側。

防守作用是將對方攻襲過來的上肢格擊到體側。

2. 貢　拳

屈臂握拳，拳位於肩上或肩前，拳心朝上，拳眼朝向身體內側，前臂向體前斜下方做由上至下的斜線性（略帶弧線）性防守，前臂下擊時略下旋。力點位

於前臂尺骨（內側）一側近手腕處。動作結束時力點斜朝下，拳眼斜朝上。

防守作用是將對方襲過來的拳腳砸開、砸痛，發勁時可微側轉身體，以增強勁道。

3. 蓋　拳

屈臂握拳，拳眼朝上，前臂由自己體前中線處做往下再往上的弧線性防守，力點位於前臂尺骨一側。近手腕處動作結束時仍屈臂，前臂微上翹，拳成俯狀。

防守作用是將對方攻襲過來的腳撈送至體側，使其失去進攻威力並造成對方重心不穩。

4. 擒　掌

屈臂於胸前，掌虎口稍開，掌指伸直，前臂由胸前擊出，往身體中線前、往上、再往體側做弧線性防守。前臂運動時力點在前臂橈骨側近手腕處，觸敵後力點變為在整個手掌（含掌指）。

防守作用是先在胸前格開對方攻襲過來的上肢，然後在體側擒住對方前臂近手腕處，手掌使勁，五個掌指握住對方後扣入對方前臂內側軟骨處，使對方難以掙脫。整個運動過程為屈臂。

5. 開　掌

屈臂握拳橫於胸前，肘部朝向體側甩前臂，由體內側至外側做稍朝下的斜線性防守動作，動作過程中拳化為掌，動作結束時已經直臂，掌心朝地。力點在前臂尺骨一側近乎手腕處和掌根。

防守作用是將對方中盤攻擊我方的手腳擊至身體外側下方，使其失去效用。

6. 挑　掌

屈臂，前臂由胸前出發，由下至上、由內側而外側做弧線性或斜線性防守。力點在前臂橈骨一側近手腕處。

防守作用在於將對方中盤進攻我時的手擊至我身體外側上方，使其失去效用。

7. 挑肩掌

身體側轉，臉部朝前，疊上臂、前臂於肋際，往肩前高度上做平面圓弧防守動作。做動作時手臂前伸，但不伸直，動作結束後仍屈臂。力點為掌心和前臂尺骨一側近手腕處。

防守作用是用掌心推擊過於迫近的對方肩部，或用前臂格擊對方攻擊我上盤的手。

此手法一般為我背靠牆難以撤退時往左右兩邊遊動防守用，所以一般配以前移的腳法。

8. 背馬削掌

我身體前移時，近敵的手屈臂朝後下方（臀部方向）甩擊做斜線性防守動作。力點在前臂尺骨一側。動作結束時前臂直臂後擊已位至腳跟上方，防止因膝彎而使大腿受對方襲擊。

本手法是在側面或背面下盤突遭對方攻襲來不及轉身時使用的防守動作，可橫向也可縱向做此動作。

9. 釵　掌

屈前臂握拳橫於胸前，肘部朝向體側，拳變俯掌，沿己另一臂朝前下方做直臂推擊動作，力點在掌根。動作結束時掌心朝地，防守作用是己一臂被對方擒住時，迅即以另一臂做此動作以接腕。

雙掌雖說是防守動作，若用來推擊對方咽喉部，其實也是很有威力的進攻性手法。

10. 蹄　掌

手屈臂握拳於肋際或腰際，拳變掌迅即往下直臂彈擊，力點在掌根，掌心朝向自己，背朝向體前。

防守作用是下擊對方對我下盤進攻時的腳面，將

其彈開，使其失去效用。

11. 雙離掌

雙掌於胸、腹前俯掌，稍前交叉即分別往右肩上方外側與左膝外側同時做向上與向下兩個弧線性防守動作，動作結束時右掌高與耳平，掌心朝地，掌指朝右，仍屈臂；左掌亦掌心朝地，掌指朝左，臂微屈。力點在於兩前臂尺骨一側近手腕處和掌根。

防守作用是擊開對方同時攻向我太陽穴（或臉、頸部）或腰、胯部的手腳，此動作亦可以左掌擊於上、右掌下擊於胯旁。

12. 龍開爪掌

雙掌於腹前俯掌，稍交叉後分別往右肩上與左胯旁同時做防守動作：右掌往右肩上猛拉，左掌往左胯旁猛按。動作結束時右掌成仰掌，疊臂，肘尖垂向下；左掌仍為俯掌，掌指朝前，右手直臂。

力點：右掌力點位於橈骨外側近手腕處和手腕骨外側一帶，防守作用是向上彈擊開對方攻襲過來的手；左掌力點在掌心，防守作用在於將對方踢往我身體中盤的腳按擊於體側，使其失去效用。

五祖拳的防守類手法尚有按掌、扣掌、脫掌、壓掌、蓋指、除掌、雙挑掌、雙貢拳、雙掀拳、雙扣

掌、雙擒掌、雙蓋拳、白鶴展翅掌、雙墜拳等，稱得上是豐富多彩。

其中有一類動作意在迅速擺脫對方對我身體的控制，為反攻製造條件，如脫掌、展翅掌、雙墜拳等，在貼身戰中作用極大，應引起練者高度重視。

三、連消帶打類手法

連消帶打指的是守與攻的緊密結合，是一種先防守消掉對方攻擊力後立即順勢轉入進攻、中間沒有停頓的技法。這種技法在五祖拳中較多見，手法、腳法皆有，手法為多，其中尤以雙手技法最多，單手的連消帶打技法則不多見。

1. 漂　插

屈臂仰拳於肋際，拳變俯掌走下弧線往前下方直臂猛插，力點位於掌指尖，指尖朝下，掌心朝後。

攻防作用在於對方的攻擊手攻我中盤時，我之掌前插對方前臂下方，在我前臂背面手腕處上頂化掉對方的攻擊力，並迅即朝前向對方小腹猛插。

2. 啄　指

此法在前面進攻類手法中介紹過。在使用中前擊

時手走弧線（出中往外側），便可先化解對方攻擊手，繼而速往前啄攻敵眼，成為連消帶打類手法。

3. 吞吐掌

雙掌屈臂於胸、腹前，對方右手攻擊我身體中上盤時，我稍右轉身，右手往上、往右側畫弧觸擊敵手，將其壓至外門稍低處，形成敵背我正的局面。左手隨動，繼而速將身體轉正，雙掌往前下方猛推對方腰部兩側。動作結束時，我掌心正對對方腰部兩側。力點在掌根。

與其他動作不同的是，本手法做防守時須凹腹用鼻吸氣，推出對方腰部時由丹田發動，吐氣出喉，發出「哈」的吐氣聲，以助力助威。

4. 扣搖掌

對方左手攻擊我身體中下盤時，我握拳屈臂橫於右肋際或胸腹前，往下、往左猛擊對方左手橈骨外側，將其叩擊至外門，右手速做搖掌動作猛擊對方陰部（搖掌手法參看前文），反之，視情況做右扣左搖動作亦可。

5. 雙批掌

對方以右手攻我身體中上盤，我之雙掌由體前中

處挑掌至右肩前外側（左掌仰置於右前臂內側中間部位），身體隨雙挑掌稍右轉，將對方之右手格擊至外門；繼而雙掌相疊（左掌俯右掌仰，相距10公分左右）朝左前擊打對方的胸、喉部，力點在雙掌根。同時左腳配合右手，往右猛踢對方小腿近腳踝處。做往右的雙批掌亦可。

6. 點筆拳

對方以手攻擊我身體中上盤時，我左手握拳屈臂橫於胸前，往前上提後猛壓擊敵手，化解對方攻擊之力。力點在左前臂尺骨一側。

在左手發勁的同時，右手屈臂握鳳眼拳食指（第二節骨節突出），於貼胸處（拳眼朝上）往上成弧線，沿左前臂橈骨上側穿出攻擊對方下頜。

力點在食指第二骨節。

7. 裟　鞭

對方以左手攻擊我上盤時，我左掌於我臉前將敵手往左撥擊或抓住敵手，右手於右肩上做鞭拳猛砸擊對方臉部（可參看前文「鞭拳」的解說）。視情況做右裟鞭動作亦可。

8. 抱盤梭

對方以右手攻擊我中上盤時，我以右掌於右胸前擒壓住對方右手手腕猛往下壓，同時，我左掌以仰掌往上猛擊對方右手肘關節處，形成反關節運動，擊斷敵手。

連消帶打類手法在五祖拳中較具特色，數量也不算少，屬於這一類的手法還有擒搖掌、扣打掌、短扣掌、雙漂掌、雙串拳、牽手梭、陰藤梭、青龍攬水掌等。

需要特別指出的是，五祖拳的「梭」類手法全是雙手技法和反關節動作，善於以柔破剛，殺傷力很強，值得五祖拳實戰愛好者認真加以研究演練。

閃打類手法指的是對方攻擊我時，我以身法躲開對方攻擊，迅即反攻殺傷對方。五祖拳閃打類手法不多。但這類手法因實戰價值較高，所以專門作為一類提出來。

1. 相隨拳

對方以右手攻擊我身體中上盤，我兩腳相隨向左橫跨一步閃開對方攻擊，不停，迅即兩腳相隨往前跨一步，右手握拳（仰拳）於腹胸前，猛擊向對方右側腹肋部。

動作結束時仍為仰拳，力點位於拳鋒。右手做動

作時右手隨行，動作結束時左手仰拳緊貼於右前臂尺骨一側中間部位。

2. 貫中拳

對方以拳攻擊我頭部時，我往左側轉身，上身往左前移，以避開對方攻擊；同時右拳直臂猛向前擊出，拳背朝上。

力點在拳面，擊打部位為對方下巴、臉部。

3. 玉獅脫鞋

對方猛攻我身體中上盤時，我忽然下蹲，一膝跪地閃避對方攻擊，不停，伸右掌擒住對方重心腳腳踝往外側猛拉，同時伸左掌，以掌根為力點猛開掌擊打對方重心腿膝關節外側，形成合力擊倒對方。

五祖拳閃打類手法動作還有貫中插掌、落地折筍等。

第三節　五祖拳的步法

在五祖拳法運動中，步法占著極其重要的位置。武家常說「步不穩則拳亂，步不快則拳慢」。因此在快速運動中平衡是個前提條件，關鍵在於如何調整和

控制重心，在實戰中做到靈活，動中求穩，適時巧妙快速移動步法，下盤穩固，落地生根。

五祖拳的步法為「腳踏不丁八」，獨具一格，步型定勢有似入地三尺，行拳有似大樹臨風，枝葉搖擺而根基如山。以三戰馬為基本法型，前腳三分力、後腳七分力者稱三七馬。四六分者稱四六馬、五五分者稱五五馬。

要求沉肩鬆腹，提肛吊肚，前足兜，後腳坐，身要下，氣須沉，技手動，步必至。

此外尚有諸多步法如直進步、側退步、直退步、踏步、疊進步、閃馬步、踏馬步、屈馬步、跳進步、左穿梭步、右穿梭步、三腳虎步、坐蓮步等。

五祖拳在套路的編排上從三戰拳起，就要求收勢和起勢的腳步必須落在同一個位置。

由於運動中的腳步是隨著方向的變化以及同上肢的配合中不斷做快速變動的，只要戰馬不夠紮實，也將使得收勢時腳步的位置與起勢位置產生不同程度的步位差，這種步位差方便又準確地提供了檢驗運動員馬步基本功的可靠依據。

因此，即使手法再好，如果沒有步法的密切配合，就做不到粘手不離的地步，手法的接續、身型的轉換，都是在步法的配合下進行的，並在實戰中隨機而變化運用。

第四節　五祖拳的身法

五祖拳與其他傳統武術一樣，對身法的要求特別嚴格。拳諺云：「練拳不活腰，終究藝不高。」腰是全身運動的樞紐，起著承上接下的作用，能否正確運腰是能否正確發出渾厚勁力的關鍵。因此，五祖拳強調腰要特別靈活，與腿、步、肩、手協調配合，在實戰中身法要不斷變化，令對方難測我之意圖，造成其判斷的錯誤。

動作要流暢，快速地移動，既可避開對方的打擊，又可為防守和反擊提供有利的條件。

主要身形有：正身、側身、閃身、進身、退身、仰身、俯身、吞身、貼身、抖撞身、轉身法、翻身法、搖身俊肨等。進步須低，退步須高，起身要橫，落身要順，收如伏貓，縱如放虎。

五祖拳身法大體可分兩大類。以脊椎為軸的身法有墓牌身、半掩身、一燎身；以腰為軸的身法有吞胸、下躲、仰身等。

總之，五祖拳身法能與步法、手法、腿法相連貫，則全身各部位之運動就能保持協調一致。習練者只要勤加學習領悟，就能達到拳打千遍，身法自然。

第五節 五祖拳的腿法

一般人總以為南拳不擅長用腿，實際上五祖拳雖然沒有明顯的大開大合腿法，但對於腿法的應用卻不能缺少，只不過強調實戰效果，不突出演練的表現而已。

腿法多用中下盤腿法，而且配合手法使用，有典型的南拳風格，並重視手法的掩護，往往腿法的使用前後都有連續手法輔助。

五祖拳的腿法變化不在於手法之下，卻不以腿法示人，因此較少為人所知。五祖拳的腿法，不但低而且沉，不僅近踢也能遠攻。勢正步穩，在實踐中常身隨步變，步變手起，手起腳出，腳出拳至，出其不意，攻其不備。

五祖拳還講究步穩身靈，腿法多用於閃避之際、反敗為勝之時，近身迅發，高不過臍，銳不可擋。拳諺云：「起腿三分險，出腿半邊虛。」因此腿法凌厲但少用，適時而用，以踢、割腳、掃腳為常用，進取身，退顧己，以腿制拳，以腳制腳。

此外尚有掃蹚腿、彈踢腿、連環腿、穿腳法、拔腳法、盤剪腿、塌腳腿、鉤腳法、蹬踢、雙剪腿、落

地側鏟腿等。

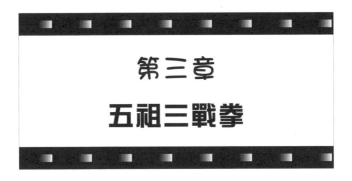

第一節 三戰總義

五祖三戰拳是五祖拳門的入門套路，同時也是最高法門。拳諺云：「三戰頭，練到老。」雖只有三進三退，然而拳架、勁力、風格都已定型，同門前輩常說：「三戰催肚力，萬變不離宗。」而且剛柔相濟，內外兼修，因此習練者都把「三戰拳」視為拳母，是最受重視和必須深究的高深功夫。

三戰拳的總體要求：頭要正，身要直，下頜微收，眼平視，沉肩扣節，含胸拔背，前足兜，卸大椎，穀道提，膝眼展，三點金著地，前虛後實，落地生根；進退之馬須穩（猶如飛鳥落在樹枝上那麼穩

固），技手勁力節節貫穿，行勁達四肢，吞吐浮沉轉換自然，精氣神三者凝聚貫通，丹田鼓蕩，任督兩脈開張，達到外練筋骨皮，內壯五臟六腑。

功成時，內氣充盛，手勁沉重，發勁迅速無比，外柔內剛，一旦交手必會感覺到五祖拳學者手軟如棉，又如彈簧似柔非柔，似剛非剛，人不知我，我獨知人的效應。

第二節　五祖三戰拳動作說明

少林五祖拳拳術套路的起式有「大式」和「小式」之分，「大式」共八個動作，稱之「八步頭」；「小式」共四個動作，稱之「四步頭」。

「八步頭」的動作分別是：蝦蛄彈、雙掀、蝦蛄彈、白鶴打翼、請拳、雙分掌、坐節、吞吐，其含義為連環八卦步，象徵天地四相四維。

預備勢

兩腳併攏，目視前方，頭正身直，全身放鬆；兩手握拳收至腋下，兩肘向後頂，成預備姿勢。（圖3-1、圖3-2）

圖3-1

圖3-2

圖3-3　　　　　　　　　　　圖3-4

1. 四平馬蝦蛄彈

左腳向左橫跨一步成四平馬步；兩掌向前下方彈出，力達掌根。（圖3-3）

2. 雙掀拳

接上式。馬步變成右弓箭步；同時兩手交叉握拳向兩側分開，力達手臂。（圖3-4）

【註】：此式亦名「猛虎抓爪」，定勢稱「韋陀橫杆」，係少林拳法標誌之一。

圖3-5　　　　　　　　圖3-6

3. 四平馬蝦蛄彈

右弓箭步左轉又成四平馬步；兩掌向前下方彈出，力達掌根。（圖3-5）

4. 白鶴打翼

步型不變；兩手交叉向兩邊分開，與肩同高，指尖朝兩邊，掌心向下，力達腕側。（圖3-6）

圖3-7

圖3-8

5. 請　拳

（1）右腳向右轉成右弓箭步；兩手收至腰間，掌心向下；眼視前方。（圖3-7）

（2）右腳左轉成四平馬步；右手變拳，貼於左手掌心；同時身體左轉，緩緩行勁運出，提腸夾肛，同時呼氣。（圖3-8）

【註】：請拳謂之「金猴抱棗」或「關平抱印」，技手用法稱「文武手」。請拳動作中左掌五指併攏為

圖3-9

「五峰掌」，代表著太祖拳、羅漢拳、達尊拳、猴拳、白鶴拳之五祖。右手仰拳臥於左掌上，表示拳背向地不向天，寄意背反天朝，即背反清廷，亦稱「龍頭鶴尾法」。

6. 雙分掌

　　仍為平馬，略轉身、肩；兩手在胸前向兩側雙挑掌，掌心向上，與肩同寬。（圖3-9）

圖3-10

7. 坐 節

雙掌同時向外翻掌，指尖朝向兩邊，由輕至重向下壓掌，力達腕部。（圖3-10）

【註】：翻掌坐節，意即五祖拳祖師學研三才（天、地、人）。

圖3-11　　　　　　圖3-12

8. 吞　吐

（1）右腳右轉成右弓箭步；兩手在胸前交叉右轉向兩側雙挑掌，掌背斜相對；同時用鼻短吸氣。（圖3-11）

（2）右腳左轉成平馬步；同時雙掌行勁吞吐，氣沉於丹田，掌心斜相向，用口吐氣。（圖3-12）

【註】：擂腳吞吐，又稱「吞雲吐霧」，是五祖拳鼓氣練力的主要練功法。俗語曰「三電一氣」，即風、雷、電。它提示五祖門學研三才，配予三電，分陰陽，運五行，揚我拳門「陽剛之美」。

圖3-13

圖3-14

9. 進右馬雙插掌

右腳向前進步煞住，前腳三分（或四分）、後腳七分（或六分）著力，兩腳間距約60公分；兩掌向前插掌，高與肩平，與肩同寬，力達指尖。（圖3-13）。

10. 在馬坐節

馬勢不變；沉肩、坐腕、豎掌、肘略屈，以掌根處為坐力點，由輕至重。（圖3-14）

圖3-15　　　　　　　圖3-16

11. 吞　氣

　　右腳右轉成弓箭步；兩手向兩側挑掌；同時用鼻吸氣。（圖3-15）

12. 吐　氣

　　右腳左轉成三七馬步；兩掌向前、向下切掌，同時以口吐氣，儘量把氣吐光、吐長。（圖3-16）

13. 進馬雙插，坐節吞氣、吐氣

右腳再向前進一步，左腳跟上，重複圖3–13～圖3–16動作兩次，共前進三步。

14. 退馬雙插，坐節、吞吐

左腳向後退一步，同時右腳也跟著退一步成三七馬步；雙手向前雙插掌、坐節、吞氣、吐氣，同圖3–13～圖3–16，連續重複退三次步。

15. 退步龍開爪

左腳向後退半步，右腳也跟著退後半步成右高虛步；同時兩掌在胸前交叉，右手向上畫弧（掌心朝上），左手向下畫弧（掌心朝下）；頭正身直。（圖3–17）

16. 進步雙剪

右腳向前進半步，後腳跟上成三七馬步；隨即雙手向中合擊，右拳在前，左拳靠右手肘處，兩拳與心口相對。（圖3–18）

圖3-17

圖3-18

圖3-19　　　　　　　　　　圖3-20

17. 退步雙扣

　　左腳退後一步，右腳跟著後退；雙手由上而下後左右分開扣擊。（圖3-19）

18. 進步打肘

　　右腳踏進步，左腳跟進成三戰馬步；右手收至腋下，以腰帶肩，由肘橫擊，左手護於右拳拳面。（圖3-20）

圖3-21　　　　　　圖3-22

19. 在馬開掌

馬勢不變；右手覆拳，以腰帶手斜擊，力達手掌，左手握拳收於腋下。（圖3-21）

20. 左切掌

右腿屈膝，後腿挺直成右弓箭步；同時，左拳變掌，向前下方切掌，右掌變拳收於腋下。（圖3-22）

圖3-23　　　　　　　圖3-24

21. 右削掌

變弓箭步為三七馬步；左掌變拳收回腋下，右拳變掌，順著左手向前削出，力達掌刀。（圖3-23）

22. 虎仔口

左腳後退一步，收右腳點地成右虛步；左手在上行勁捻出，右手亦行勁緩緩絞回成抱牌勢。（圖3-24）

圖3-25　　　　　　　　圖3-26

23. 雙掀拳

右腳向右橫跨一步成右弓步；雙手同時向兩側掀拳，力達前臂。（圖3-25）

24. 收　勢

右腳腳尖內轉，收左腳成併攏姿勢；同時，雙拳變掌，徐徐在胸前下按，雙手放於體側。（圖3-26）

【註】：虎仔開嘴，亦稱「孩兒抱牌」，還有就是「朝陽手」，以上兩個收勢的掌法異曲同工。五祖拳

收勢兩招，出手居中，門戶嚴守，便於神取變卦。這
兩招乃引招之萃，可以取捨交用，進則能攻，退則可
守。所以人們說這兩招式穩而勢烈，素有「穩如鐵塔
坐如鐘」之說，但卻又能一觸即發，出手如箭，生化
不息。

第一節　打角拳總義

套路又稱為「四門打角」，動作簡練，拳勢激烈，四方有序，門戶緊湊，初學者必習之。

第二節　打角拳動作說明

1. 預備勢

圖4-1、圖4-2。

圖4-1

圖4-2

圖4-3　　　　　　　　　　圖4-4

2. 八步頭

同三戰拳的八步頭（圖4-3～圖4-12）

圖4-5   圖4-6

圖4-7   圖4-8

圖4-9 圖4-10

圖4-11 圖4-12

圖4-13　　　　　　　　　　圖4-14

3. 單插拳

　　右腳向前上步成右三戰馬步；同時，右掌向前插出，力達指端，左手變拳收於腰間。（圖4-13）

4. 開　掌

　　右腳向後退步成左三戰馬步；同時，左手開掌，右手掌變拳收於腰間。（圖4-14）

圖4-15　　　　　　　　　　圖4-16

5. 擒　掌

馬勢不變；左掌由內向外擒掌，沉肩垂肘；眼視前方。（圖4-15）

6. 右掙拳

右腳向前一步成右三戰馬步；同時，右拳向前掙出，左掌變拳收於腰間。（圖4-16）

圖4-17   圖4-18

7. 左掙拳

右拳內收，放於腰間，左拳掙出；變三戰馬步為右弓箭步。（圖4-17）

8. 右掙拳

左拳收回於腰間，右拳掙出；變弓箭步為右三戰馬步；頭正身直，眼視前方。（圖4-18）

圖4-19　　　　　　　　圖4-20

9. 擒　拳

身體左轉成左三戰馬步；同時，右手收於腰間，左手擒拳。（圖4-19）

10. 撬　拳

右腳向前一步成四平馬步；左掌變拳收於腰間，右拳向前撬。（圖4-20）

圖4-21　　　　　　　　　　圖4-22

11. 跳　屈

右腳提起向後跳步，左腳隨即跳起依次落地，成單跪步左開掌。（圖4-21）

12. 擒　掌

起立成左三戰馬步；右拳收於腰間，左手擒掌。（圖4-22）

圖4-23　　　　　　　　　圖4-24

13. 損　拳

右腳向前上步成右三戰馬步；同時，右拳從耳旁
向前下方損，力達前臂。（圖4-23）

14. 掀　拳

步式不變；右拳由內向外掀拳，拳心向內。（圖
4-24）

圖4-25

圖4-26

15. 切　拳

　　右三戰馬步變為右弓箭步；同時，右拳收於腰間，左拳變掌向前下方切出。（圖4-25）

16. 擒　掌

　　身體左轉成左三戰馬步；右掌由內向外擒拳。（圖4-26）

圖4-27　　　　　　　　圖4-28

17. 右掙拳

右腳向前上步成右三戰馬步；左掌變拳收於腰間，右拳向前掙出。（圖4-27）

18. 左掙拳

右拳回收，左拳掙出；同時，右三戰馬步變為右弓箭步。（圖4-28）

圖4-29　　　　　　　圖4-30

19. 左擒拳

身體左轉；左拳變為擒掌。（圖4-29）

20. 撬　拳

右腳向前上步成四平馬步；左掌變拳收於腰間，右拳上撬。（圖4-30）

圖4-31　　　　　　　　圖4-32

21. 跳　屈

右腳向後跳，左腳隨即跟上並依次落地成單跪步左開掌。（圖4-31）

22. 左擒掌

身體起立成左三戰馬步；左手由內向外擒掌。（圖4-32）

圖4-33　　　　　　　　圖4-34

23. 摃　拳

　　右腳向前上步成右三戰馬步；右手摃拳，力達前臂；眼視前方。（圖4-33）

24. 掀　拳

　　步式不變；右臂由內向外掀拳。（圖4-34）

圖4-35

圖4-36

25. 左切掌

右拳回收，左拳變掌向前下方切掌；左腳前蹬成右弓箭步。（圖4-35）

26. 右挑肩

左腳向左跨步成左弓步；右拳變掌於胸前挑肩，高與肩平，力達腕部。（圖4-36）

圖4-37   圖4-38

27. 左挑肩

右腳向右跨步成右弓步；右掌變拳收於腰間，左掌由內向外挑肩，高與肩平。（圖4-37）

28. 雙分掌

右腳向後退步成左三戰馬步；同時，雙手向兩邊挑開，力達前臂。（圖4-38）

圖4-39　　　　　　　　圖4-40

29. 雙插掌

步式不變，以腰發力；兩手前插，與肩同高、同寬，力達指尖。（圖4-39）

30. 坐　節

步式不變；兩臂向下做坐節，頭正身直，力達腕部。（圖4-40）

圖4-41 圖4-42

31. 雙切掌

右腳向前進步；兩手在胸前交叉後同時向前下方切掌。（圖4-41）

32. 左擒掌

從左向後轉身180°，成左三戰馬步；左手擒掌。（圖4-42）

圖4-43　　　　　　　　　　圖4-44

33. 右手掙拳

右腳向前一步成右三戰馬步；同時，右拳掙出。
（圖4-43）

34. 左手掙拳

右三戰馬步變為右弓馬步；同時左拳掙出。（圖
4-44）

圖4–45　　　　　　　　　　圖4–46

35. 右掙拳

左拳回收，右拳掙出；變弓馬步為右三戰馬步。
（圖4–45）

36. 左擒掌

從左向後180°轉身，成左三戰馬步；右拳收於腰間，左手擒掌。（圖4–46）

圖4-47　　　　　　　　圖4-48

37. 右手掙

右腳向前上步成右三戰馬步；同時右拳掙出。
（圖4-47）

38. 抱牌勢

右腳後退一步；右拳變掌回收，左拳變掌前推成
抱牌式。（圖4-48）

圖4-49 圖4-50

39. 雙掀拳

右腳向右平移成右弓步；雙手握拳向兩側分開，力達前臂。（圖4-49）

40. 收　勢

右腳腳尖內轉，收左腳成併攏姿勢；同時，雙拳變掌，徐徐於胸前下按，放於體側，成立正姿勢。（圖4-50）

第五章

五祖雙爪拳

第一節　雙爪拳總義

如果說三戰拳是五祖拳之拳母，那麼，雙爪拳則是五祖拳技擊之靈魂。雙爪拳注重陰陽匹配，剛柔相濟，內外合一。與敵交手，彼吞我吐，彼吐我吞；彼沉我浮，彼浮我沉；順勢造橋，逆勢借橋；指上打下，指左打右。拳沖、爪扣、掌削相兼，腳踢、腿捆並濟。遇剛可剛，遇柔可柔。虛實變化巧，而敵不知其中之妙。不出手則已，一出手摧枯拉朽，制敵於須臾。

拳譜有云：

雙爪如鉤上下翻，雙臂如鞭左右揚。

猛如金鷹撲小雞，緩如蒼鷹翔九天。

疾如雀鷹趕飛雁，警如崖鷹伏山間。

衝切戳抓左右鞭，勢勢相連勁不斷。

一招一勢須練全，實戰對敵不心寒。

第二節　五祖雙爪拳動作說明

1. 預備勢

同三戰拳預備勢。

2. 八步頭

同三戰拳八步頭動作。

3. 牽牛過岸

退右腳成右弓箭步；兩手繞至胸前畫弧，以腰帶肩向後拉，左手拳心向內，右手拳心向外；眼視前方。（圖5–1）

圖5–1

圖5-2 圖5-3

4. 雙掙拳

身體左轉成左三戰馬步;同時,兩拳向前衝拳,與肩同高、同寬,拳心向下。(圖5-2)

5. 左手擒掌

馬步不變;右手握拳收於腋下,左手向內、向外畫半圈成左擒手。(圖5-3)

圖5-4

圖5-5

6. 右掙拳

左三戰馬步變成左弓箭步；同時，左擒手握拳往回收至腋下，右手向前掙出。（圖5-4）

7. 雙捆手

變弓箭步為左三戰馬步；同時，右手回收，左拳向前成雙捆式，拳心向上，兩臂平行。（圖5-5）

圖5-6　　　　　　　　　　圖5-7

8. 左掙拳

右腳向前跨一步成右弓箭步；同時，右拳回收至腋下，左拳向前掙拳。（圖5-6）

9. 雙　捆

變弓箭步為三戰馬步；收左拳、撞右拳成雙捆式。（圖5-7）

圖5-8　　　　　　　　　　　圖5-9

10. 右挣拳

右腳進步成三戰馬步；同時，右拳向前挣出，左拳收於腰間。（圖5-8）

11. 左挣拳

變三戰馬步為右弓馬步；同時，右拳收回腰間，左拳向前挣出。（圖5-9）

圖5-10　　　　　　　　　圖5-11

12. 右挣拳

變弓箭步為右三戰馬步；收左拳、挣右拳，力達拳面。（圖5-10）

13. 過左馬右掀掌

左腳向左橫跨半步，右腳跟隨半步；右拳變掌，由下向上掀掌，掌心向內。（圖5-11）

圖5-12

圖5-13

14. 左切拳

變三戰馬步為右弓箭步；右掌變拳收至腰間，左拳變掌向前下方切掌。（圖5-12）

15. 右切掌

變弓箭步為三戰馬步；收左掌變拳收於腰間，右掌向前下方切掌，力達掌刀。（圖5-13）

圖5-14　　　　　　圖5-15

16. 過右馬左手挑掌

　　右腳向右橫移一步，左腳跟隨橫移成左三戰馬步；右拳放於腰間，左手上挑，掌心向內。（圖5-14）

17. 右切掌

　　變三戰馬步為右弓箭步；左掌握拳收於腰間，右拳變掌向前下方切掌。（圖5-15）

圖5-16　　　　　　　圖5-17

18. 左切掌

變弓箭步為左三戰馬步；右掌變拳收於腰間，左拳變掌向前下方切掌。（圖5-16）

19. 提膝右挑掌

右腳上步，向前頂膝成獨立步；左掌變拳收於腰間，右拳變掌上挑。（圖5-17）

圖5-18　　　　　　　　　圖5-19

20. 進步右掙拳

右腳向前落步成三戰馬步；同時右掌變拳向前掙。（圖5-18）

21. 雙離手

左腳向前跟步，與右腳相交叉成疊步；右拳變掌向右前方扣擊，左掌向左下方扣擊；眼視右手。（圖5-19）

圖5-20   圖5-21

22. 左開弓

轉身，左腳向左橫跨一步成四平馬步；右手向右頂肘，左掌橫掃，眼視左掌，力達掌根。（圖5-20）

23. 右削掌

右腳向前進步成右三戰馬步；左掌變拳收於腰間，右掌向前削出。（圖5-21）

圖5-22　　　　　　　　圖5-23

24. 轉身雙搖

右腳向前一步，同時身體後轉成三戰馬步；兩手由下向前搖掌。（圖5-22）

25. 退步雙扣掌

右腳向後退半步，左腳跟著後退成右三戰馬步；雙掌向下、向兩側扣掌。（圖5-23）

圖5-24   圖5-25

26. 右彈腿

右腳向前彈腿，與腰同高，力達腳尖；眼視前方。（圖5-24）

27. 上步彈掌

右腳向前落步成右三戰馬步；兩拳由腰間交叉雙疊向前下方彈掌。（圖5-25）

圖5-26　　　　　　　　圖5-27

28. 左背馬削

右腳進步，同時左轉身成右弓步；右手屈肘，左手向前方削掌。（圖5-26）

29. 左手抄，右手鞭拳

左手向上畫弧擒掌，收拳於腰間，右手向前方鞭拳，拳背朝下，與頭部同高；成左弓步。（圖5-27）

圖5-28   圖5-29

30. 右背馬削

右腳向前上步，右轉身；右拳變掌向後削，左臂屈肘。（圖5-28）

31. 右手抄，左手鞭拳

右手向上畫弧擒掌，收拳於腰間，左拳向前上方鞭拳。（圖5-29）

圖5-30　　　　　　　　　　圖5-31

32. 左擒手

退右腳成左三戰馬步；左手由內向外擒拳，右手握拳收於腰間。（圖5-30）

33. 上步打肘

右腳向前上步成右三戰馬步；右手向前方橫擊肘，與肩同高。（圖5-31）

圖5-32　　　　　　　　圖5-33

34. 鐵錘沉

　　右腳繼續向前進半步；右肘以肘部為軸，甩前臂向下砸拳，左掌變拳在右肘尖部下壓後收於腰間。（圖5-32）

35. 左背馬削

　　右腳退後成弓箭步；右肘向後頂，左手往下開掌；眼視前方。（圖5-33）

圖5-34　　　　　　　　　　圖5-35

36. 上步右劈切掌

右腳上步成右三戰馬步；右拳變掌向斜前方劈掌，左掌向斜前下方切掌，力達掌刀。（圖5-34）

37. 右挑掌

馬步不變；右拳由上至下再至上畫弧挑掌，左掌變拳收於腰間。（圖5-35）

圖5-36　　　　　　　　圖5-37

38. 左切掌

右三戰馬變成右弓箭步，以腰為軸；右掌變拳收於腰間，左拳變掌向前下方切掌。（圖5-36）

39. 轉身左擒手

右腳左移，左腳隨即跟上，向後轉身；右拳收於腰間，左手由內向外擒掌。（圖5-37）

圖5-38　　　　　　　　　圖5-39

40. 上步劈切掌

右腳向前上步成右三戰馬步；右手向斜前方劈掌，左手向下切掌；眼視前方。（圖5-38）

41. 右挑掌

步式不變；右掌由內向外挑掌，左掌變拳收於腰間。（圖5-39）

圖5-40　　　　　　　　圖5-41

42. 左切掌

左腳前挺成右弓步；右掌變拳收於腰間，左拳變掌向前下方切掌。（圖5-40）

43. 轉身左擒手

向後轉身成左三戰馬步；右拳收於腰間不變，左手擒掌。（圖5-41）

圖5-42　　　　　　　　圖5-43

44. 雙剪手

右腳向前上步成右三戰馬步；右拳變掌與左掌交叉相剪，左掌停於右肘前方。（圖5-42）

45. 退步雙扣

左腳後退半步，右腳跟著後退；雙掌向下、向外扣掌，力達腕部。（圖5-43）

圖5-44　　　　　　　　圖5-45

46. 雙擒手

步式不變；雙掌交叉，由下向上、向外雙擒掌，沉肩墜肘。（圖5-44）

47. 右彈腿

雙掌變拳同時下拉收於腰間；右腳向前彈出，與腰同高，力達腳尖。（圖5-45)

圖5-46

圖5-47

48. 左切掌

右腳落地成右弓步；左掌向前下方切掌，力達掌刀。（圖5-46）

49. 右手削掌

右手順著左拳向前削掌，左手變拳收於腰間；重心後移成右三戰馬步。（圖5-47）

圖5-48

50. 虎仔嘴

左腳後退，右腳隨著後退成右高虛步；左拳變掌前推，右掌後拉成抱牌式。（圖5-48）

圖5-49

51. 雙掀拳

右腳向右橫跨一步成右弓步；兩掌變拳向兩側掀拳；眼視前方。（圖5-49）

圖5–50

52. 收　勢

　　左腳向右回收成併攏姿勢；兩拳變掌，由胸前徐
徐下按放於兩側，氣沉丹田；眼視前方。（圖5–50）

第六章

五祖拳技手舉隅

　　平時不比武，戰時輸得苦。平時常對練，戰時自等閒。五祖拳每一拳法既可單練，亦可隨意拆開對練。對練可增加實戰能力，不能實戰的武術算不上好的功夫。因此，讀者習好每一個招式之後，要勤加揣摩。

　　在此我僅列舉五祖拳法中常用的幾個對練與拆招之法，讀者若能掌握其中一二，在現實生活中應急對付幾個普通歹徒不成問題。當然，對練必須反覆練習，拳練百遍，其理自現。在實戰中要講究「快」「狠」「準」，一招自可制敵。

　　五祖拳部分技手動作說明：

圖6-1

1. 雙批手

（1）對方以右拳擊打我胸部。我左腳後退半步，用右挑掌擋開對方右拳進攻，左手護於右腕部。（圖6-1）

（2）左腳快速上步勾絆對方腳跟，同時以雙批手批擊對方頸部，將其絆倒。（圖6-2）

2. 落地鈎踹腿

對方向我上部進攻。我側身前滑，用左腳跟勾住對方腳跟，右腿踹其膝部。（圖6-3）

圖6-2

圖6-3

圖6-4

3. 雙離手

對方向我頭部與肋部同時進攻。我由內向外雙離手破解，然後以右劈左切擊打對方頸部與肋部。（圖6-4）

圖6-5

4. 雙扣掌

　　對方向我摔肚進攻。我以雙扣掌破解，然後進右腳，以肘部擊打對方胸部。（圖6-5）

圖6-6

5. 牽牛過岸

　　對方以右拳向我頭部進攻，我以右挑掌擋開其進攻，左手握扣其肘部（圖6-6）。同時，左手抓住對方腕部，借其打擊之慣性，把對方向前摔倒。（圖6-7）

6. 扣　打

　　對方以右拳向我左肋進攻。我迅速用左扣掌防止對方進攻，並用右手斜劈對方頸部。（圖6-8）

圖6-7

圖6-8

圖6-9

7. 落地折筍

對方以左拳進攻我頭部。我迅速下蹲，左手抓住對方後腳跟，同時右掌側壓其膝部使其倒地。（圖6-9）

8. 扣壓手

對方以左拳擊我上部。我用右手挑掌防止對方進攻（圖6-10），同時迅速用左手托住對方肘關節，右掌翻掌下壓，使其受制。（圖6-11）

圖6-10

圖6-11

圖6-12

9. 雙分掌

　　對方以雙峰貫耳攻擊我頭部。我兩手同時雙分掌防止對方進攻，然後雙挣拳進攻對方。（圖6-12）

10. 左右開掌

　　對方以左拳攻擊我下腹部。我用左手格擋其進攻，迅速進右腳絆其左腳，同時以右開掌擊其胸部。（圖6-13、圖6-14）

圖6-13

圖6-14

圖6–15

11. 撬

　　對方以右拳向我頭部進攻。我用左擒手擒住其腕部，迅速下蹲進右腳，用右撬手伸進對方胯下，手、肩同時用力把對方撬起摔倒。（圖6–15～圖6–17）

圖6-16

圖6-17

圖6–18

12. 搓　頭

對方抱住我腰部。我左手托其下頜，右手按其後
腦部，來回搓動，將其制服。（圖6–18)

第七章

五祖三股叉

第一節　三股叉總義

　　叉，屬十八般兵器之列。南方拳派亦有稱之為「大鈀」或「三指鈀」。在遠古時代，為捕魚狩獵的生產工具，後演變為一種兵器。《紀效新書》：「凡試叉鈀，先令自使，俟其身手步法合一，復單人以長槍、短刀對較。能架隔長槍、刀、棍，出殺人者為熟。」

　　五祖三股叉由叉尖和叉把兩部分組成。叉尖為鋼製，有三股叉，中股直而尖，兩側股由中股底端弧形向前，後粗前尖。通體為圓形或扁平形。叉把木製或

鐵製，粗可盈把。按其部位可分為上把段、中把段、下把段和把尖。上把段為其頂端接叉處。上把段至把中部為中把段，再下為下把段，底端為把尖。

五祖三股叉乃內外兼修之器械。演練時要求有雄厚的臂力、腰力和腿力，以及良好的身法、靈敏的步法。練叉不僅可以掌握一種兵器，而且可以練好五祖拳基本功，可謂一舉兩得，讀者不可小瞧。

叉的主要擊法有轉、滾、搗、搓、刺、截、攔、橫、插、捂、挑、掏、貫、拍等。演練時要求以氣催力，人叉合一。必須身不離叉，叉不離中心。兩手持叉，穩而不死，活而不滑，直出直入，圓來圓去，如潛龍出入，如猛虎下山。

第二節　三股叉動作說明

1. 預備勢
右手握叉於右側；頭正身直，眼視前方，精神集中。（圖7-1）

2. 右腳踢準叉杆，於身前落步成右高虛步；同時，左手握住叉杆中部，以腰帶肩向下點叉，力達叉鋒。（圖7-2、圖7-3）

圖7-1

圖7-2

圖7-3

圖7-4　　　　　　　　　圖7-5

3. 叉鋒向右側鉤叉並右膝上提，同時向前、向下平壓叉，右腳落地成左弓步；眼視前方。（圖7-4、圖7-5）

4. 右腳向左前方上步，左腳跟著向前上步；同時叉鋒隨步向上、向下、向上挑叉；眼視叉尖。（圖7-6、圖7-7）

5. 左腳向右前方上步，右腳跟著上步；同時叉鋒由左向右下方、向上挑。（圖7-8、圖7-9）

圖7-6　　　　　　　　　　圖7-7

圖7-8　　　　　　　　　　圖7-9

圖7-10

6. 退右腳成左弓步；叉由右向左橫掃，力達叉尖。（圖7-10）

7. 上動不停。提右膝，腳尖朝下；叉尖由上向下攔壓，成右三戰馬步；眼睛平視。（圖7-11～圖7-14）

圖7-11

圖7-12

圖7-13

圖7-14

圖7-15　　　　　　　　圖7-16

8. 左腳提膝，腳尖向下，把端由左向前方擊打；
隨即左腳向後落步，右腳跟著後撤一步，左腳向後叉
步；同時向後方刺擊，力達叉尖。（圖7-15～圖7-
17）

9. 右腳後退一步；叉鋒向前方撩動。（圖7-18）

圖7-17

圖7-18

圖7-19　　　　　　　　　圖7-20

10. 上動不停。叉尖由前向上、向後畫圓一圈；同時提左膝、推左掌，叉把尖向後頂擊，高與肩平。（圖7-19～圖7-21）

11. 左腳橫落成左弓步；左手撥動叉把中部向後頂肘，叉尖向右、向下方掃擊；眼視叉鋒。（圖7-22、圖7-23）

圖7-21　　　　　　圖7-22

圖7-23

圖7-24   圖7-25

12. 左腳向左前方上步，右腳跟上一步成左弓步；叉鋒向上、向下畫弧，向前撩擊；眼視叉尖。（圖7-24～圖7-26）

13. 左腳向右前方上步，右腳跟著上步成右三戰馬步；同時，叉鋒向左、向右斜前方挑擊，左手握叉把於右腋下。（圖7-27、圖7-28）

圖 7-26

圖 7-27

圖 7-28

圖7-29

14. 右腳後退半步成左弓步；叉鋒由右向左橫
掃。（圖7-29）

15. 提右膝；同時叉鋒向下攔擊，畫弧由下向
上、向下壓叉成右三戰馬步。（圖7-30、圖7-31）

16. 左腳向左橫跨成左弓步；同時，叉於胸前畫
圓向左前下方削擊，與左手成一直線。（圖7-32、圖
7-33）

圖7-30

圖7-31

圖7-32

圖7-33

圖7-34　　　　　　　　圖7-35

17. 上動不停。向左180° 轉身跳起，成左弓步；同時，叉隨身轉向左前方橫掃。（圖7-34～圖7-36）

18. 右腳向前成右三戰馬步；雙手握叉把向右側橫擋，力在叉把中部。（圖7-37）

19. 左腳向前成左三戰馬步；同時，叉鋒由上向左中部橫掃。（圖7-38）

20. 右腳上步；叉鋒向前中部平刺，力達叉尖。（圖7-39）

圖7-36

圖7-37

圖7-38

圖7-39

圖7-40　　　　　　　圖7-41

21. 上動不停。提右膝向右側刺叉，同時落右腳，左腳再向前拖步；叉鋒向後撩擊；眼看後方叉鋒。（圖7-40、圖7-41）

22. 轉身向前兩步，叉隨步走，步到叉到，成左弓步挑叉。（圖7-42～圖7-44）

圖7-42

圖7-43

圖7-44

圖7-45　　　　　　　　圖7-46

23. 左腳向右橫跨，右腳再向前成右三戰馬步；同時，叉向右中部橫掃。（圖7-45、圖7-46）

24. 向後180°轉身跳掃，叉隨身轉成左弓步，向中部橫掃。（圖7-47、圖7-48）

25. 叉鋒再往回；同時左、右腳依次轉身跳屈；叉鋒向前下方橫掃。（圖7-49）

圖7-47　　　　　　　　　圖7-49

圖7-49

圖7-50   圖7-51

26. 起身站立；叉把垂直於身體左側；眼視前方。（圖7-50）

27. 雙手握叉把不變；右腳向前方蹬腿落步成右弓步。（圖7-51、圖7-52）

28. 右弓步不變；雙手握叉把於胸前繞一圓圈後向前上方刺叉，成右三戰馬步。（圖7-53、圖7-54）

29. 左腳向前上步；同時，叉把端由左向中下方橫擊，力達叉把端。（圖7-55）

圖 7–52

圖 7–53

圖 7–54

圖 7–55

圖7-56

30. 重心前移成左弓步；叉鋒由上於身前向下砸壓。（圖7-56）

31. 身體後轉，同時提右膝；叉鋒向後上方橫掃。（圖7-57、圖7-58）

32. 右腳向右側落地成左弓步；以腰帶叉，叉鋒向右、向左橫掃。（圖7-59）

33. 右腳向前進步成右三戰馬步；同時，叉鋒向前方中部平刺。（圖7-60）

圖7-57

圖7-58

圖7-59

圖7-60

圖7-61　　　　　　　　圖7-62

34. 步型不變，向後轉頭；叉把端與肩同高向後方平刺，再向前方刺叉成右三戰馬步。（圖7-61、圖7-62）

35. 上動不停。左、右腳再向前跳步並前刺叉。（圖7-63、圖7-64）

36. 提右腳；叉鋒向右側下方攔擊，叉把貼身。（圖7-65）

37. 右腳向右落步成左弓步；叉鋒由下向左上方斜擊，沉肩垂肘。（圖7-66）

圖7-63

圖7-64

圖7-65

圖7-66

圖7-67　　　　　　　　　　圖7-68

38. 提左腳，繞叉把端一圈後落步成右弓步；叉把端向左側下砸。（圖7-67）

39. 右腳向前方上步；同時，叉端於身前上挑。（圖7-68）

40. 步型不變；以腰帶臂翻腕向下點叉。（圖7-69）

41. 右腳向前上步刺叉，成右三戰馬步。（圖7-70）

42. 右腳向左前方上步，左腳跟上成左馬步；叉鋒由右向左前上方搯擊。（圖7-71、圖7-72）

圖7-69

圖7-70

圖7-71

圖7-72

圖7–73　　　　　　　　圖7–74

43. 左腳右移向右前方上步，右腳跟上；叉鋒由左向右前上方掏擊。（圖7–73、圖7–74）

44. 退右腳成左弓步；以腰帶臂向左橫掃。（圖7–75）

45. 提右膝；叉鋒向右側下方攔叉。（圖7–76）

46. 右腳向前落步成右三戰馬步；同時，叉鋒由上向下平砸。（圖7–77）

圖7-75

圖7-76

圖7-77

圖7-78　　　　　　　　　　　圖7-79

47. 左腳向前方上步成右弓步；叉把端同時向前下方橫掃。（圖7-78）

48. 重心前移成左弓步；同時向前方壓叉。（圖7-79）

49. 右轉身，提右膝；叉隨身轉向後上方掃叉，左手握叉把中部於右腋下。（圖7-80～圖7-82）

圖7-80　　　　　　　　圖7-81

圖7-82

圖7-83

50. 落右腳成左弓步；叉鋒由右上部向左中部橫掃。（圖7-83）

51. 右腳向前成右三戰馬步；叉鋒向前平刺，雙手握住叉把後端。（圖7-84）

52. 左腳後退，右腳隨著後退成右虛步；同時叉鋒向前下方點擊。（圖7-85）

53. 提右膝；叉鋒由下向上繞於身體右側。（圖7-86）

圖7-84

圖7-85

圖7-86

圖7-87

54. 右腳徐徐放下，左手放回左側，右手握叉把放於右側，兩腳併攏，心平氣靜。（圖7-87）

第八章

五祖拳功力高級教程

習練五祖拳者，倘若認真照前所述之練法，一步一個腳印，把手法、步法、身法逐個練好，再串編起來把套路打好，那麼越練越純熟，功力必會大增。但許多人練到一定階段後，卻發現功力怎麼也提升不上去，甚至會有輕微的後退，這就達到了武術上所謂的「死點」。我在習武過程中對此深有體會，遂使功力繼續進步，得以步入功力高階。這裏僅將所學所感綜合起來，希望能助你一臂之力。

第一節　外力修煉

拳諺云：「拳無勁力則飄。」又有云：「一力降十會。」足見外力之重要。因此，即使看似平常的外

力訓練，亦屬功力修煉高級範疇，不可小瞧。五祖拳外力訓練獨特方法主要有以下幾種：

一、練石鎖

即將石頭鑿成鎖狀，手抓橫樑，上下、左右、前後運動，如是可增加臂力、腕力和指力。

二、扛石條

即將石頭鑿成條狀，可以在練功時置於肩上或者練習馬步時置於腿上，如是肩力、胯力必然大增。

三、撐竹箸

取竹箸多根，紮成一把，兩手互撐，如是腕力、指力必然大增。

四、插鐵筒

取一鐵筒，先內盛滿黃豆，然後雙手成掌，雙臂伸直，一插到底。

如是過了三月後，倒掉黃豆，換盛細沙，同樣練習；最後盛上炒制過的鐵砂，如法練習。如是可堅皮力，增長臂力、掌力和指力。

經過以上訓練之後將外力大增，對敵自會輕鬆自如。

第二節 內功修煉

拳諺云：「練拳不練功，到老一場空。」沒有內外雙修，是不可能功臻化境的。我有幸得到多位五祖拳師的口傳心授，對五祖內功修煉有所體會。後來，更有幸與湖南自然門杜飛虎大師結緣，學習內功與藥理，對內功有了更深的見識。自然門以練氣為主，內外結合，動靜無始，虛虛實實，功成自然能打。其很多內功修煉法頗為奇妙，亦可融入五祖拳中，可使功力增加更為迅速，功力更加精深渾厚。

內功修煉不外乎動、靜兩種。五祖心法：「練時無人似有人，用時有人似無人；動中之靜為真靜，靜中之動為真動。」此數語雖看似簡單，而涵義極深。我得其反覆耳提面命，方才有所領悟，功力亦大有長進。

一、靜功修煉

武林靜功修煉方法雖種類繁多，但皆以靜坐最為盛行，乃修煉靜功之不二法門。其外形動作極為簡單，大都為盤膝靜坐，單盤雙盤皆可，頂頭盤膝，立腰豎脊。許多人瞧不起這種修煉方法，認為沒什麼好

練的，此乃大錯特錯。靜功修煉並不在乎於外形，而在乎於內在的心法。門派不同，心法自然不一。

首先，靜坐要鬆。只有鬆，才能全身透空，讓血脈氣穴舒張，體內能量方能積聚起來。如是可以培元固本，肢體方能得到精氣的有效濡養。現在許多習武者為何稍上點年紀就手腳不靈活，原因就在於肢體沒有內氣的濡養。有人靜坐時上下繃得緊緊的，看似精神集中，其實很容易造成神經衰弱。

靜坐要鬆之秘訣為：靜坐時，從頭頂百會至下腹丹田要如同有滾珠在源源不斷下滾。

其次，靜坐要動。靜坐時心田不應是一潭死水，而是使上下活潑，圓潤靈動。

杜師所傳之秘訣為：靜坐時，意守丹田，以意領氣，催使氣流沿經脈循環流走。從下丹田起，沿督脈上升，經大椎、玉枕至百會，隨即下降至口鼻，呼氣一口；隨即吸氣一口，氣流繼續沿任脈下走，歸於丹田。如是即為「小周天」之循環。

當然靜坐亦可打通「大周天」，但此法極為神妙，有緣之人方可傳習。

二、動功修煉

在動中練功，最為重要的是掌握「吞、吐、沉、浮」之法。

（一）吞

【吞的練法】：雙手由齊節手勢橈骨轉向上，拇指朝天，四指向前，雙掌上提至胸部，再把雙掌翻到掌心向面部，如捧書狀，此時要把氣保持在腹部丹田。當肘關節貼於肋旁時，再把雙掌收在肋旁，隨即把腹中之氣吊上胸中膻中穴。

當然練至純熟則不需這麼複雜。我曾與杜師試藝，用盡全力向其胸前就是一拳，他不躲不閃，但我卻發現鐵拳如同打到棉花上，如同鐵牛沉入泥漿。原來他對吞已經非常嫻熟。吞時要求全身要鬆，如同一盆水瞬間從頭頂潑下流到腳心，比喻十分形象。

（二）吐

【吐的手法】：雙掌掌心向上，手背向下，由腋下壓至腰際，身體向左轉至身向前方。雙掌由腰旁向上提至胸前，再向前下方又劈又擋而出。此時把胸中之氣往下運至「中丹田」再發於手掌。可配合獅子吼發聲吐氣。

眾人皆知吐法可練出兇猛的橫勁。其實，吐法之發勁，並非蠻勁，而是渾然一體之勁。凡發勁應起於足湧，沉於丹田，透於腰脊，而發於肢端，如是才能讓所出之拳、所擊之掌擁有巨大的威力，是平常人力

的數倍大，甚至可以「隔空發勁」。

（三）沉

【沉的練法】：由浮手將雙腕順勢下沉。雙肘保持伸直，雙掌下沉至腰間，兩腕上翹，指尖朝上，雙肘內夾，把兩腕抬高至肘平，隨即垂肩肘，頭向上頸豎直，屏氣並將丹田氣沉至腹部丹田。

沉可練出千斤墜之功夫，令下盤穩固，如落地生根。拳諺有云：「步穩如磐石，根固敵難摧。」沉勁練好亦可使出腿低沉有力，如同鐵牛耕地，對敵勢如破竹。

（四）浮

【浮的練法】：浮法由坐節起，橈骨在上，四指向前，由腰部上提至胸前，然後向後拉至腋下，雙掌心向前，雙掌由腋下至腰際，由腰間用腰勁把它擊出。浮勁可使對方的勁力反彈上飄，向上「浮」，從而使敵失去重心而後仰。此勁亦可練出令己上浮、身輕如燕的功夫，在崎嶇山路行走如履平地。

以上四種練法非常精深，我在此只是說個大概，各種奧妙實難一一說清，若能遇名師點撥，再勤學苦練，定能功力非凡。

歡迎至本公司購買書籍

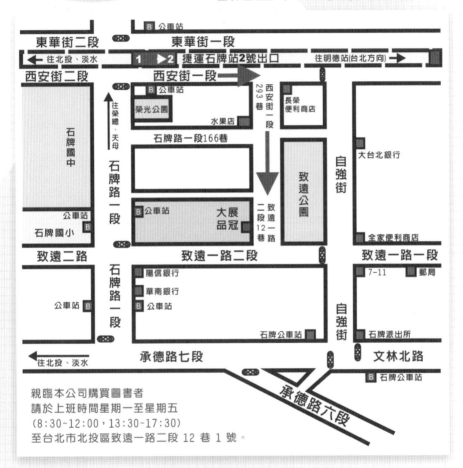

親臨本公司購買圖書者
請於上班時間星期一至星期五
(8：30~12：00，13：30~17：30)
至台北市北投區致遠一路二段 12 巷 1 號。

建議路線
1.搭乘捷運‧公車
　　淡水線石牌站下車，由石牌捷運站２號出口出站(出站後靠右邊)，沿著捷運高架往台北方向走(往明德站方向)，其街名為西安街，約走100公尺(勿超過紅綠燈)，由西安街一段293巷進來(巷口有一公車站牌，站名為自強街口)，本公司位於致遠公園對面。搭公車者請於石牌站(石牌派出所)下車，走進自強街，遇致遠路口左轉，右手邊第一條巷子即為本社位置。

2.自行開車或騎車
　　由承德路接石牌路，看到陽信銀行右轉，此條即為致遠一路二段，在遇到自強街(紅綠燈)前的巷子(致遠公園)左轉，即可看到本公司招牌。

國家圖書館出版品預行編目資料

南少林五祖拳 ／ 陳火裕 著
——初版，——臺北市，大展，2012〔民101.12〕
面；21公分 ——（少林功夫；29）
ISBN　978－957－468－917－0（平裝）
1.少林拳
528.972　　　　　　　　　　　　　101020426

南少林五祖拳

著　　者／陳火裕
責任編輯／張建林
發行人／蔡森明
出版者／大展出版社有限公司
社　　址／台北市北投區（石牌）致遠一路2段12巷1號
電　　話／（02）28236031・28236033・28233123
傳　　眞／（02）28272069
郵政劃撥／01669551
網　　址／www.dah-jaan.com.tw
E－mail／service@dah-jaan.com.tw
登記證／局版臺業字第2171號
承印者／傳興印刷有限公司
裝　　訂／建鑫裝訂有限公司
排版者／弘益電腦排版有限公司
授權者／北京人民體育出版社
初版1刷／2012年（民101年）12月

定價／200元

大展好書　好書大展
品嘗好書　冠群可期

大展好書　好書大展

品嘗好書·　冠群可期